Cristiana Aprile

101 domande da porre a tuo figlio

Per stimolare ogni giorno
una riflessione costruttiva

BONOMI EDITORE

Via Corridoni 6a

27100 Pavia

ISBN 978-88-85750142

www.bonomieditore.it

bonomieditore@libero.it

Introduzione

Sono una psicologa e psicoterapeuta. Mi occupo di età evolutiva e quotidianamente incontro bambini, adolescenti e i loro genitori.

"Non racconta mai niente!": ecco la frase che sento più spesso pronunciare da mamme e papà.

Non stento a crederci, in molti casi è effettivamente così: i ragazzini parlano poco e, quando lo fanno, esprimono il proprio vissuto in una forma povera e sintetica.

Tuttavia, quando indago il tipo di domande che vengono poste e i momenti della giornata che vengono scelti per avviare la conversazione, mi rendo conto che i genitori di questi taciturni figli *2.0* non mettono in campo le strategie corrette.

Chi non ha mai risposto il frettoloso "Bene!" alla domanda "Come è andata oggi?" appena usciti da scuola, quando l'unica cosa che ogni ragazzo sogna è pranzare davanti alla tv e non pensare a quelle cinque pesanti ore appena terminate?!

Inoltre, e questa riflessione è ancora più importante, spesso ci ricordiamo dell'importanza di conversare quando i figli sono diventati grandicelli. E rimaniamo delusi perché i nostri figli non sono disposti a farlo, a meno che non siano stati abituati fin da subito! Fin dalla nascita!

Sì, bisogna conversare coi propri figli ogni giorno, fin dalla nascita. Dobbiamo far in modo che quei cinque minuti di condivisione siano routine quotidiane al pari di lavarsi i denti, preparare lo zaino, ecc.

Ecco dunque in soccorso di mamme e papà una serie di domande da porre, con delicatezza, ai propri figli. Magari la sera, quando ormai tutto ciò che andava fatto è stato fatto e siamo tutti più rilassati. Ricordando che quello conta davvero non è sapere, indagare, controllare. Quello che conta è capire come stanno, aiutarli ad affrontare le piccole e grandi sfide che la vita gli pone, conoscere il tipo di relazioni che hanno con i coetanei, stimolare la consapevolezza di loro stessi.

In questo modo si accorgeranno che siamo ascoltatori attenti, empatici, accoglienti; e verranno da noi in caso di bisogno.

Ma badate bene, cari mamme e papà: il termine conversazione presuppone che quanto viene qui di seguito proposto non diventi un interrogatorio unidirezionale, anche voi dovrete rispondere alle stesse domande che porrete ai vostri figli.

Anzi, all'inizio di questa pratica, per allenarvi, inizierete proprio voi a raccontarvi a loro.

Come ho già esposto, i bambini e i ragazzi non "parlano" perché non sono abituati a sentirlo fare! Dobbiamo essere noi, dunque, i primi a condividere le nostre giornate, le nostre emozioni, i nostri problemi.

Buona lettura. O meglio: buona conversazione!

Cristiana Aprile.

N.B. Tutti i libri per genitori hanno il problema di rivolgersi in modo generico ai bambini maschi e femmine. Spesso si usa figlio/a, lui/lei, ecc. rendendo la lettura poco scorrevole. Alternerò nei capitoli il maschile e il femminile.

Dopo ogni domanda ho lasciato uno spazio per qualche appunto o risposta significativa. Sarà interessante magari tra qualche anno rileggerle insieme!

Quali domande? E quando?

Difficile dire con esattezza da che età poter porre alcune domande; ognuno conosce il proprio bambino, il livello della sua comprensione verbale e i suoi specifici tempi di attenzione sostenuta.

Tuttavia, proverò a suddividere le 101 domande per fasce di età, affinché il libro vi accompagni in modo quanto più adeguato possibile durante le diverse fasi evolutive e la vita con vostro figlio.

Capitolo 1

Da 0 a 3 anni

Questa è una fase di costruzione. È in questi primi anni che strutturerete, ovvero porrete le basi per una relazione comunicativa con vostra figlia (piuttosto che una relazione taciturna).

È una fase di costruzione dicevamo. È quella apparentemente meno interattiva ma in cui, appunto, possiamo fare in modo che questo momento di scambio diventi parte integrante e imprescindibile della giornata familiare.

Da subito quindi (sì, avete capito bene: dal suo primo giorno di vita) direte alla vostra bambina che il momento più bello della giornata è stato quando è nata, che quello più spaventoso è stato quando le è venuta la febbre, che è stato divertente vederla ciucciare il piedino, che la zia è stata gentile a regalarle un bavaglino con scritto "baby boss", ecc.

Appena nata tutto ciò servirà per aiutarla a riconoscere la vostra voce, assaporarne le varie sfumature in termini di toni e volumi, avere un tempo dedicato ed esclusivo.

Intorno all'anno parlare alla bambina sarà d'aiuto per stimolare lo sviluppo del linguaggio e favorire la costruzione del suo vocabolario.

A due anni circa vorrà imitarvi, per cui vedrete che, seppur in modo semplice, vorrà avere a sua volta il proprio spazio e tempo per raccontare di sé.

A tre anni parlerà e racconterà di sé e delle sue giornate in modo ricco e informativo (anche in termini emotivi).

Trovate un momento, anche solo due minuti, all'interno della giornata, e che siano sempre quelli, per raccontarvi e ascoltare la vostra bambina. Questi due minuti non vi deluderanno mai e saranno un aiuto preziosissimo per monitorarne il benessere e il vissuto!

1· Qual è stata la cosa più bella oggi?

....

....

....

....

....

2· Qual è stata la cosa più brutta oggi?

....

....

....

....

....

Capitolo 2

Da 3 a 6 anni

In questa fascia di età abbiamo un bimbo con una vita ricca e impegnativa sotto ogni punto di vista, esattamente come la nostra.

In questi anni vostro figlio inizierà ad avere preferenze (più o meno stabili nel tempo), esprimere desideri, riconoscere tutte le varie emozioni, assumersi piccole responsabilità, stabilire legami significativi con altri, ecc.

Di tutto ciò, ovviamente, si può parlare; anzi: si deve parlare!

Se già avete un figlio, avrete notato quanto siano ripetitivi questi piccoli angioletti. Ripetere e prevedere li rassicura. Guarderebbero sempre lo stesso film, giocherebbero sempre con la stessa macchinina e guai a cambiare una virgola!

Per questo, potrebbe essere utile selezionare alcuni degli spunti di riflessione da me elencati e proporre sempre quelli per un periodo di tempo, integrando gradualmente qualche altra domanda. Dovrete individuare quelle più gradite ai vostri figli. Si può fare anche la stessa domanda per anni e anni. Ricordatevi che lo scopo non è sapere, conoscere, indagare. L'obiettivo principale qui è ancora porre le basi per momenti di condivisione figlio-genitore.

3· Qual è stato oggi il gesto più gentile che hai ricevuto? Come ti sei sentito?

....

....

....

....

....

4· Qual è stato il gesto più gentile che hai offerto tu oggi?

....

....

....

....

5· Hai riso a crepapelle per qualcosa oggi? Raccontamelo!

....

....

....

....

....

6· C'è una/un compagna/o che a volte ti fa sentire male? Come reagisci tu?

....

....

....

....

7· Hai mai detto una bugia? Perché l'hai detta? Come ti sei sentito dopo?

....

....

....

....

8· A volte io e papà ci confrontiamo su qualche argomento e può capitare di non essere d'accordo o alzare la voce. Come ti senti in quei momenti? Che pensi?

....

....

....

9· Qual è stato il complimento più bello che hai ricevuto fino ad ora?

....

....

....

....

....

10· Facciamo un gioco: tu fai un complimento a me, e io uno a te.

....

....

....

....

....

11· Ti è mai capitato di arrabbiarti talmente tanto con qualcuno da desiderare di dargli un calcio o una spinta?

....

....

....

....

12· Per qualcuno la rabbia può essere talmente intensa da diventare incontrollabile. Ti è mai capitato che qualcuno si è arrabbiato tanto da spaventarti?

....

....

....

13. Qual è il tuo gioco preferito? Decidiamo un giorno di questa settimana per farlo insieme!

....

....

....

....

....

14. Qual è il tuo film preferito? Decidiamo un giorno di questa settimana per vederlo insieme!

....

....

....

....

15. Qual è il tuo piatto preferito? Decidiamo un giorno di questa settimana per cucinarlo insieme!

....

....

....

....

16. Qual è la tua canzone preferita? Decidiamo un giorno di questa settimana per farci un video mentre la cantiamo e balliamo insieme!

....

....

....

17. Ti piace il nome che abbiamo scelto per te? Tu quale avresti scelto?

....

....

....

....

....

18. Sai come abbiamo scelto il tuo nome, io e papà? Te lo racconto!

....

....

....

....

19. Senti mai la mancanza mia e/o di papà quando non ci siamo? Di solito come ti senti quando torniamo (felice, triste, arrabbiato)?

....

....

....

....

....

20. Ti piacciono i bambini più piccoli o più grandi? Con chi preferisci giocare, e perché?

....

....

....

21. Qual è una cosa di questa giornata che non dimenticherai mai?

....

....

....

....

Capitolo 3

Da 6 anni in poi

Se fino a oggi avete comunicato e conversato con la vostra bambina come ho suggerito siete arrivati ad una condizione per cui:

- la conoscete discretamente bene;

- lei sa che con voi può parlare.

Da oggi inizia una fase più profonda e intensa. Vostra figlia vive sempre più fuori casa, lontano da voi e fa esperienze sempre più impegnative emotivamente: i coetanei, lo studio, lo sport, la crescita, i sentimenti. Emozioni sempre più articolate e intense.

Ora dobbiamo seguirla, seppure a distanza, e assicurarci che vada tutto bene; e se così non fosse approfondire la riflessione.

Differentemente da quanto fatto fino a ora, da oggi in poi le domande possono variare ogni giorno, anzi è preferibile, affinché la ragazzina non si annoi e si tocchino tutti i temi più importanti.

Ma mi raccomando: mai giudicare! mai giudicare! Lo ripeto ancora, mai giudicare!

Se ciò che la fa arrabbiare è quando non vince, non va giudicata. Certo, sappiamo che non si può sempre vincere e che un genitore deve aiutare la propria figlia a maturare uno spirito cooperativo e tollerante, ma non attraverso il giudizio.

Qualunque risposta vostra figlia fornirà alle vostre domande ringraziatela per aver condiviso.

Se riteniamo di dover in qualche modo intervenire, facciamolo chiedendole per esempio "come ti fa sentire questa cosa?", "ti aiuta a raggiungere i tuoi obiettivi?", "cosa potresti fare di diverso?". Guidiamola verso una autoanalisi e riflessione positive e costruttive insomma. Senza giudicarla!

Voi vi confidereste con qualcuno che vi giudica o vi dice che la pensate male o, peggio, che siete sbagliati?!

I figli, per star bene con noi, devono sentirsi apprezzati e accettati, sempre e comunque.

22. Se potessi cambiare qualcosa della giornata di oggi, cosa sarebbe?

Come potresti comportarti se dovesse ricapitare?

....

....

....

....

....

23. C’è qualcuno che conosci che pensi abbia bisogno di aiuto? Cosa potresti fare per lei/lui?

....

....

....

....

....

24. C’è qualcosa che oggi ti ha fatto arrabbiare? Hai fatto fatica a calmarti? Come ci sei riuscita?

....

....

....

....

25. C'è una cosa che ti fa tanta paura? Secondo te qual è l'aspetto positivo e utile di questa emozione?

....

....

....

....

26. Qual è una cosa che oggi ti ha fatto provare ansia? Che cambiamenti hai avvertito nel tuo corpo (per es. batticuore, gola secca, sudorazione ecc.)?

....

....

....

27. C'è stato un momento in cui ti sei sentita incompresa?

....

....

....

....

....

28. C'è stato un momento in cui mi hai pensata/o e avresti voluto io fossi lì per aiutarti?

....

....

....

....

29. Ti sei mai sentita presa in giro?

....

....

....

....

....

30. Se tu fossi il capo del mondo, quale sarebbe la tua prima decisione?

....

....

....

....

31· Come si diventa amici del cuore?

....

....

....

....

....

32· Ti senti tranquilla nel raccontare le tue cose personali ad altri? Come si capisce se di qualcuno ci si può fidare?

....

....

....

....

33. Hai mai avuto paura di restare completamente sola?

....

....

....

....

....

34. A scuola preferisci i lavori in gruppo o quelli da svolgere da sola? Perché?

....

....

....

....

35. Quando sbagli qualcosa o non riesci come ti senti? Che pensi in quei momenti?

....

....

....

....

....

36. Conosci qualche bimbo con disabilità? Secondo te qual è la sua difficoltà più grande?

....

....

....

....

37. Cosa cambieresti di me (mamma)? Cosa invece non cambieresti?

....

....

....

....

....

38. Cosa cambieresti di me (papà)? Cosa invece non cambieresti?

....

....

....

....

39. Secondo te qual è il tuo talento, ciò in cui sei molto brava? Come potresti impiegarlo?

....

....

....

....

....

40. Chi ti piacerebbe diventare da grande?

....

....

....

....

41. Qual è il tuo ricordo più felice?

....

....

....

....

....

42. Qual è il tuo ricordo più triste?

....

....

....

....

....

43. Se avessi un negozio, che prodotti venderesti?

....

....

....

....

....

44. Cosa cambieresti della tua scuola?

....

....

....

....

....

45. Se tu fossi del tutto libera di scegliere, come impiegheresti il tuo tempo? Descrivimi un'intera giornata.

....

....

....

....

46. C'è qualcosa che hai fatto o detto fino ad ora nella tua vita che ti rende particolarmente fiera e orgogliosa?

....

....

....

47. C'è qualcosa che hai fatto o detto fino ad ora nella tua vita che potendo cancelleresti? Pensi che quell'episodio ti abbia insegnato qualcosa?

....

....

....

....

48. Secondo te qual è la dimostrazione più grande dell'amore mio e di papà per te?

....

....

....

49. Raccontami di una volta in cui ti sei sentita bravissima in qualcosa.

....

....

....

....

....

50. Se tu potessi esprimere tre desideri, quali sarebbero?

....

....

....

....

57· Se potessi modificare qualcosa del tuo aspetto fisico cosa cambieresti? Perché?

....

....

....

....

....

52· Se potessi modificare qualcosa del tuo carattere cosa cambieresti? Cosa potresti fare per migliorarlo?

....

....

....

53. Pensi mai alla morte, tua o di qualcuno? È un pensiero che spaventa molti, ma di cui si può parlare senza timori.

....

....

....

....

54. Tra le persone che conosci c'è qualcuno che trovi carino e che ti fa emozionare quando ti è vicino?

....

....

....

55. Come si prende una decisione importante?

....

....

....

....

....

56. Hai mai risolto un problema? Come ti sei organizzata? Hai chiesto aiuto a qualcuno?

....

....

....

....

57. Tutti proviamo frustrazione: quando non riusciamo in qualcosa o quando qualcosa non va come vorremmo. Come fai a far passare questa sensazione fastidiosa?

....

....

....

58. Ti è mai capitato che un adulto (a scuola, in palestra, in Chiesa...) facesse o dicesse qualcosa che ti ha fatto sentire strana o che non ti è piaciuto?

....

....

....

59. Ti sei mai sentita sbagliata o inadeguata solo perché avevi commesso un errore o non ti è riuscito qualcosa?

....

....

....

....

....

60. Ti piace di più leggere o scrivere?

....

....

....

....

61. Ti piace di più disegnare o colorare?

....

....

....

....

....

62. Ti piace di più cantare o ballare?

....

....

....

....

....

63\. Hai mai fatto una lista di tutti i posti che ti piacerebbe visitare? Prendi carta e penna, scriviamola!

....

....

....

....

....

64\. In cosa pensi di essere brava? E cosa ti rende felice mentre la fai? Queste due cose coincidono?

....

....

....

65. C'è qualcosa che hai sentito in Chiesa/al catechismo su cui non sei d'accordo?

....

....

....

....

....

66. C'è qualche notizia che hai ascoltato oggi al telegiornale che ti è rimasta impressa?

....

....

....

....

67. Ti sei mai sentita cattiva? Raccontami quella situazione.

....

....

....

....

....

68. Ti capita di fare paragoni tra te e gli altri?

....

....

....

....

....

69. Ti sei mai sentita ignorata, esclusa, come se non contassi nulla?

....

....

....

....

....

70. Qualcuno ti ha mai detto cose che ti hanno fatto sentire male (tipo "sei stupida")? E tu le hai mai dette a qualcuno?

....

....

....

....

71· Ti è mai capitato di svegliarti di notte sudata e spaventata? Cosa avevi sognato?

....

....

....

....

72· Ti è mai capitato di avere talmente paura di non saper affrontare una cosa che ti è venuto mal di pancia o mal di testa?

....

....

....

....

73. Ti è mai capitato di desiderare di essere diversa da come sei (nel corpo o nel carattere)?

....

....

....

....

....

74. Ti è mai capitato di sentirti preoccupata perché qualcosa era cambiato o c'era una grossa novità?

....

....

....

....

75· A volte capita di fare cose che non vorremmo o che non ci piacciono pur di non restare soli. A te è mai capitato? A me qualche volta si.

....

....

....

76· Quando sei con gli amici e dovete decidere qualcosa, ti viene spontaneo proporre delle cose o aspetti che sia qualcun altro a decidere?

....

....

....

77. Hai mai avuto la sensazione di non piacere a qualcuno? Come ti sei sentita? Cosa hai fatto?

....

....

....

....

....

78. Pensa a qualcosa che hai ottenuto; ritieni sia stata più fortuna o merito?

....

....

....

....

79· Hai mai pensato "va tutto storto, il mondo ce l'ha con me"?

....

....

....

....

....

80· Come ti fa sentire chiedere aiuto?

....

....

....

....

....

81. Ritieni che io e papà comprendiamo come ti senti o i tuoi problemi?

....

....

....

....

....

82. Quanto ti senti amata, su una scala da 0 a 10, da questa famiglia?

....

....

....

....

83. Qual è la cosa che secondo te ha di più buono la nostra famiglia?

....

....

....

....

....

84. Qual è la cosa che secondo te ha di più valido la tua scuola?

....

....

....

....

....

85. Qual è la cosa più preziosa dei tuoi amici? C'è invece qualcosa di loro che non approvi?

....

....

....

....

....

86. Stare al centro dell'attenzione ti piace o quando capita ti vergogni?

....

....

....

....

87· È mai capitato che un comportamento mio o di papà ti imbarazzasse?

....

....

....

....

....

88· Da 0 a 10 quanto senti di poterti fidare di me e di mamma/papà?

....

....

....

....

89. Se da grande tu potessi avere qualcosa del carattere della mamma, quale aspetto vorresti? E in cosa invece non vorresti assomigliarle mai e poi mai?

....

....

....

90. Se da grande tu potessi avere qualcosa del carattere di papà, quale aspetto vorresti? E in cosa invece non vorresti assomigliargli mai e poi mai?

....

....

....

91· C'è qualcuno in classe con cui parli davvero bene? Lo invitiamo un giorno della prossima settimana?

....

....

....

....

92· Ti è mai capitato di preoccuparti per ciò che stavi mangiando (perché per esempio erano cibi grassi)?

....

....

....

93. Qualcuno ha mai fatto commenti sul tuo aspetto fisico che ti hanno fatto sentire male?

....

....

....

....

....

94. Ritieni di aver subito qualche ingiustizia nella tua vita? Quale?

....

....

....

....

95· Secondo te qual è un aspetto negativo di tutta la tecnologia che è presente nelle nostre vite (smartphone, tv, videogiochi, ecc.)?

....

....

....

....

....

96· Rispetto alle altre persone che conosci, ti ritieni più o meno fortunata? Perché?

....

....

....

97. Ti è mai capitato di sentirti sola, anche se eri con altre persone?

....

....

....

....

....

98. A volte capita di sentirsi inquieti: come se si avesse bisogno di qualcosa, senza però riuscire a capire cosa. Capita anche a te? Cosa fai per ritrovare un po' di pace?

....

....

....

99· Nella “Canzona di Bacco” Lorenzo de Medici scrisse “Del doman non v’è certezza”. Significa che il futuro non è del tutto prevedibile. Come ti fa sentire questo: più curiosa o preoccupata?

....

....

....

100· Lo sai che un genitore può amare immensamente il proprio figlio ancor prima che nasca?

....

....

....

Capitolo 4

Ora voi conoscete i vostri figli. Loro possono dire altrettanto?

Anche i nostri figli hanno diritto a sapere cosa ci rende tristi o arrabbiati, se ogni tanto ci sentiamo soli o criticati, ecc. Ascoltandoci raccontare questi momenti capiranno che tutto è tollerabile e che da ogni esperienza si può imparare anziché soccombere.

Quindi: mai avere paura di mostrarsi ai propri figli, purché si colga l'opportunità per mostrare loro che condividere è importante e aiuta a trovare vie alternative e valide per affrontare le situazioni della vita.

101 · Oggi tocca a te! Pensa ad una domanda che avresti sempre voluto farmi e ponimela!

....

....

....

....

Mi raccomando mamme e papà: terminate sempre il momento di scambio dicendo "grazie per avermi raccontato queste cose" (anche laddove il vostro pupo vi abbia detto solo *ga-gaga*). I bambini tendono a ripetere e riproporre ciò per cui vengono rinforzati positivamente.

E quando il bambino (o l'adolescente) non vuole dire la sua, concludete dicendo "grazie per avermi ascoltato", sottolineando comunque l'importanza di quel momento malgrado lui non abbia partecipato attivamente.

In bocca al lupo!

Indice

Made in the USA
Monee, IL
11 November 2026

68341108R00036